CONSTRUIR
MUNDOS

José Luis Sáez

¿Para qué vivimos una experiencia terrenal?

europa
ediciones

© 2025 **Europa Ediciones** | Madrid
www.grupoeditorialeuropa.es

ISBN 9791256960897
I edición: junio del 2025
Distribuidor para las librerías: **CAL Málaga S.L.**

Impreso para Italia por *Rotomail Italia S.p.A. - Vignate (MI)*
Stampato in Italia presso *Rotomail Italia S.p.A. - Vignate (MI)*

¿Para qué vivimos una experiencia terrenal?

Este ensayo está dedicado a todas aquellas personas que sufren la indigencia, el desamor, persecuciones, aflicciones del cuerpo y del alma por ignorancia de la vida espiritual. También pretende ser un mensaje de consuelo y esperanza para este mundo, en crisis moral permanente de valores que deberían ser inspirados por un sistema educativo que incluya la espiritualidad, respetando nuestra esencia y propósito de vida en la Tierra.

La gratitud es la emoción que nos conecta con la alegría de vivir. Agradezco a mis hijos que me sostienen en los desafíos personales que elijo.

A mis padres, José y Lita que siempre me acompañan.

A Estela María y Sergio que colaboraron con la corrección de este libro.

A mis nietos Valentín y Mateo que me estimulan a revalorizar esta etapa terrenal.

A mis pacientes y coacheés que confían en mí ofreciéndome la posibilidad de acompañarlos en el proceso de sanación espiritual.

A mis amigos y hermanos de la vida, que con su respeto y afecto nutren mis días.

A mis guías espirituales que me recuerdan mis compromisos y me muestran su amor incondicional para alentarme a la reforma moral.

A mis maestros, que con sus luces iluminan mi camino.

"La lección fundamental que todos debemos aprender es el amor incondicional, que no solo incluye a los demás, sino también a nosotros mismos"
E. Kubler-Ross

"Cuanto más amor damos, mayor es nuestra capacidad de amar. Solo cuando el otro surge como un legítimo otro es posible el amor en toda su dimensión"
H. Maturana

"Negar a priori es de necios. Aceptar a priori es de crédulos, investigar es de sabios"
Allan Kardec

"No hay errores, no hay coincidencias. Todos los eventos son bendiciones que se nos han otorgado para aprender"
E. Kubler-Ross

"Nacer, morir, renacer, progresar siempre, tal es la Ley"
Allan Kardec

Contenidos

El mundo que construimos

En pleno siglo XXI, a pesar de los grandes descubrimientos y avances de la ciencia en múltiples disciplinas, el hombre sigue sufriendo carencias que le generan angustia existencial, deshumanización en las relaciones interpersonales y limitaciones creadas por sus propias miserias morales. Se debate en la mediocridad y el sufrimiento no le permite valorar las oportunidades de aprender a disfrutar de sus afectos para conquistar la paz interior.

Inmerso en la vorágine cotidiana, le imprime a su vida un ritmo arrollador teñido de aspiraciones materiales desaprovechando su poder interior para alcanzar la armonía, la serenidad y el bienestar.

¡El hombre actual sufre de hambre espiritual!

Camina apresurado en busca de placeres materiales, crea posesiones efímeras que lo atan a mecanismos perversos y descuida su vida interior la cual debería nutrirse de buenos pensamientos, actitudes fraternas, serviciales y hábitos saludables para generar su bienestar físico, emocional y espiritual.

Los recursos económicos o materiales son herramientas que deben ser interpretadas como un préstamo y utilizarlos como un medio y no como un fin.

Los conflictos sociales de todo tipo por alcanzar un poder efímero, lo condicionan para trabajar en el empoderamiento trascendental de su espíritu. El hombre, ignorante de su destino, es como un viajero que recorre automáticamente un camino, sin conocer ni el punto de partida ni el punto de llegada. No sabe por qué viaja, como consecuencia siempre está dispuesto a fijarse en el menor obstáculo, y pierde así su tiempo postergando sus objetivos trascendentes.

La escasa flexibilidad para adaptarse a los tiempos actuales de las doctrinas religiosas y los abusos que hicieron, llevaron a un buen número de personas al materialismo.

Si la vida está circunscrita entre la cuna y la tumba, si las perspectivas de la inmortalidad no vienen a alumbrar su existencia, el hombre no tiene ya otra ley que la de sus instintos, la de sus apetitos, la de sus goces. Poca importancia tiene que aspire al bien y la equidad.

La experiencia terrenal actual, es un instante en la vida del espíritu y una hermosa escuela para cultivar y desarrollar los valores éticos y morales, única riqueza que le permite avanzar en la escala evolutiva.

Todos los seres humanos son dignos de aspirar a una condición mejor que la actual. Actuando solidariamente en la familia y la sociedad pueden desarrollar y valorar sus talentos.

El hombre actual pocas veces se detiene a reflexionar sobre las causas de sus preocupaciones y aflicciones. La carga psicológica le agobia, por no disponer de recursos intelectuales y morales para avanzar en el derrotero de progreso al que está llamado.

Es común no disponer de elementos racionales para explicar y justificar las diferencias sociales de todo tipo. Necesita creer en una inteligencia suprema (llamada Dios, Jehová, Alá, Mahoma, o como quieras llamarla) que garantice la armonía de este mundo y del universo entero. Las leyes naturales impiden que como especie humana no nos hayamos autodestruido.

Si es capaz de mirar más allá de su ego, reconocerá sus limitaciones y buscará la explicación en todo lo que no es obra del hombre para crear en su interior una figura omnipresente, todopoderosa y misericordiosa (Dios) que disminuya sus impulsos de creerse el ombligo del universo.

Este razonamiento simple contrasta con el materialismo que propone que no existe nada, más allá de lo que puede impresionar nuestros sentidos físicos.

Si todo acaba con la muerte física, el ser no tiene ninguna razón para esforzarse, para contener sus malos instintos, sus gustos materialistas. Aparte de las leyes terrestres, nada puede limitarlo. El bien y el mal, el justo y el injusto también se confunden y se unen en la nada. Y el suicidio será siempre un medio de escapar de los rigores de las leyes humanas.

La negación de la vida futura suprime también toda sanción moral. Sin ella, que sean buenos o malos, criminales o sublimes, todos los actos acaban en el mismo resultado. No hay compensaciones a las existencias miserables, a la oscuridad, a la opresión, al dolor; no hay más consuelo en la prueba, más esperanza para los afligidos. Ninguna diferencia espera, en el futuro, al egoísta que sólo vivió y a menudo a costa de sus semejantes, y el mártir o el apóstol que habrá sufrido y sucumbido combatiendo por la emancipación y el progreso de la raza humana. La espiritualidad es un amplio camino que se puede transitar con distintos matices en la búsqueda de la reforma interior, para generar agradecimiento por las oportunidades de aprendizaje que la vida nos ofrece y buscar el equilibrio del ser frente a los desafíos cotidianos.

El progreso de los espíritus

Los espíritus son creados sencillos e ignorantes, aunque con aptitudes para progresar y alcanzar la perfección, en virtud de su libre albedrío. Mediante el progreso conquistan nuevos conocimientos, nuevas facultades, nuevas percepciones y, por consiguiente, nuevos goces. Ven, oyen, sienten y comprenden en ese estado, lo que los espíritus atrasados no pueden ver ni oír, lo que no pueden sentir ni comprender.

La felicidad guarda relación con el progreso realizado. De dos espíritus, uno de ellos puede no ser tan feliz como el otro, por el solo hecho de que no consiguió aún el mismo adelanto intelectual y moral, sin que por eso precisen estar cada uno en lugares distintos. Aunque estén juntos, uno puede estar en medio de tinieblas, en tanto que alrededor del otro todo resplandece, así como un ciego y alguien dotado de la vista pueden tomarse de la mano, y este último percibe la luz de la cual el primero no recibe la mínima sensación.

Dado que la felicidad de los espíritus es inherente a sus cualidades, ellos pueden encontrarla dondequiera que estén, sea en la superficie de la Tierra, en medio de los encarnados, o en el mundo espiritual.

Una comparación vulgar permitirá comprender mejor aún esta situación. Supongamos el caso de dos hombres que se encuentran en un concierto. Uno de ellos es un buen músico y tiene el oído afinado, el otro carece de formación musical y su sentido auditivo está escasamente desarrollado. El primero experimentará una sensación de felicidad, en tanto que el segundo permanecerá insensible, ya que uno comprende y percibe lo que en el otro no produce ninguna impresión. De igual modo ocurre en relación con los goces de los espíritus, que dependen de su aptitud para sentirlos. El mundo espiritual tiene esplendores por todas partes, armonías y sensaciones que los espíritus inferiores, todavía sometidos a la influencia de la materia, no llegan a vislumbrar, y que sólo son accesibles a los espíritus purificados. El progreso de los espíritus es fruto de su propio trabajo. No obstante, como son libres, se afanan en favor de su adelanto con mayor o menor diligencia, con mayor o menor desidia, según su voluntad. De ese modo, apresuran o retardan su progreso y, por consiguiente, su felicidad. Mientras algunos avanzan rápidamente, otros permanecen detenidos por varios siglos en las categorías inferiores. Ellos son los artífices de su propia situación, sea dichosa o desventurada, en coincidencia con el mensaje de Jesús: "A cada uno según sus obras".

El paso de un nivel de consciencia a otro es una "muerte". No podemos nacer a quienes somos, sin "morir" a lo que creíamos ser. El objetivo que buscamos no es el de "sentirnos siempre bien" sino permanecer en contacto con quien realmente somos. Todo lo demás se nos irá dando.

Eckhart Tolle

El espíritu que se demora solo puede quejarse de sí mismo, así como el que progresa posee el mérito exclusivo de su esfuerzo, y por eso aprecia más la felicidad conquistada.

Existen muchos mundos en el universo con distintos grados de evolución, que están poblados por espíritus en progreso y representan oportunidades de aprendizaje en el cumplimiento de la ley divina o natural. Cuando hemos superado el grado de adelanto moral de un mundo, podemos encarnar en otro que sea superior, para continuar el aprendizaje como lo realizamos en una escuela con diferentes escalas. Jesús señaló: "Hay muchas moradas en la casa de mi Padre".

Desde nuestro sentido común: ¿podemos interpretar que todo lo que existe en el universo, incluyendo los numerosos planetas de las distintas galaxias, ha sido creado para deleitar nuestra vista o despertar el interés de los astrónomos?

¿Crees en la vida extraterrestre?

¿Es para ti esta experiencia terrenal un espacio de aprendizaje? ¿Cómo sería vivir en un mundo donde la armonía y el amor sean abundantes?

Causas anteriores de las aflicciones

Si bien en esta vida existen males cuya causa principal es el hombre, hay otros a los que es ajeno por completo, al menos en apariencia. Estos parecen afectarlo como por obra de la fatalidad. Por ejemplo, la pérdida de los seres queridos y la de aquellos que constituyen el sostén de la familia. También son los accidentes que ninguna previsión hubiera podido evitar; los reveses de fortuna que frustran todas las medidas de prudencia; las plagas naturales, las enfermedades de nacimiento, particularmente aquellas que quitan a tantos desdichados los medios de ganarse la vida con su trabajo: las deformidades, la idiotez, el cretinismo, la parálisis cerebral, etc.

Los que nacen en semejantes condiciones, seguramente no hicieron nada en esta vida para merecer, sin compensación alguna, una suerte tan triste, que no pudieron evitar. Están en la imposibilidad de cambiarla por sí mismos y los deja a merced de la compasión pública. ¿Por qué existen esos seres tan infortunados, mientras que a su lado, bajo un mismo techo y en la misma familia, hay otros favorecidos en todos los sentidos? ¿Qué diremos de esos niños que mueren en edad temprana, que no conocieron de la vida más que los padecimientos? Se trata de problemas que la filosofía no pudo aún resolver, anomalías que las distintas religiones pudieron justificar, y que serían la negación de la bondad, la justicia y la providencia de Dios, en la hipótesis de que el alma sea creada al mismo tiempo que el cuerpo, y que su suerte esté irremediablemente fijada después de una permanencia de algunos instantes en la Tierra. ¿Qué han hecho esas almas, para sufrir tantas miserias en este mundo, así como para merecer en el porvenir una recompensa o un castigo cualquiera, cuando no han podido hacer ni bien ni mal?

Con todo, en virtud del axioma según el cual todo efecto tiene una causa, esas miserias son efectos que deben tener una causa; y desde el momento en que admitimos la existencia de un Dios justo, esa causa también debe ser justa. Ahora bien, como la causa precede siempre al efecto, si aquella no está en la vida actual, debe ser anterior a esta vida, es decir, debe pertenecer a una experiencia de vida precedente.

Por otra parte, como no es posible que Dios sancione a alguien por el bien que hizo ni por el mal que no ha hecho, si sufrimos, es porque hemos obrado mal. Si no hemos hecho el mal en esta vida, lo hicimos en otra. Nadie puede evadir esta alternativa, en la que la lógica determina de qué lado está la justicia de Dios.

Por consiguiente, el hombre no es penado siempre en su existencia presente, pero nunca escapa a las consecuencias de sus faltas. La prosperidad del malo sólo es momentánea, pues si no expía hoy, expiará mañana, mientras que el que sufre está reparando su pasado. La desgracia que en un principio parece inmerecida tiene pues, su razón de ser.

Este razonamiento lógico está basado en el sentido común, que es la capacidad de reflexionar sobre las consecuencias de los actos propios y ajenos. Cualquier persona que tenga apertura mental podrá deducir que todos somos responsables de nuestros actos, por acción u omisión, y nada escapa a la ley divina o natural.

Solamente la teoría de la reencarnación o de múltiples experiencias de vida nos ofrece una poderosa interpretación para fortalecer la fe en la justicia divina, reconociendo en ella la justificación de todos aquellos padecimientos que sufrimos sin una razón aparente.

¿Qué te conviene creer respecto a tus actuales aflicciones?

¿Crees que la reencarnación es una explicación lógica de las diferencias humanas?

¿Interpretas que la auto observación es una herramienta válida para explicar tus aflicciones actuales?

Causas actuales de las aflicciones

Las vicisitudes de la vida tienen dos orígenes muy diferentes que conviene distinguir. Las hay cuya causa está en la vida presente, otras la tienen fuera de esta vida.

Si nos remontamos al origen de los males terrenales, se reconocerá que muchos de ellos son una consecuencia natural del carácter y de la conducta de quienes los padecen.

¡Cuántos hombres caen por su propia impericia! ¡Cuántos son víctimas de su imprevisión, de su orgullo y de su ambición!

¡Cuántos terminan en la ruina por falta de orden, de perseverancia, porque no tienen buena conducta o porque no supieron poner un límite a sus deseos!

¡Cuántas uniones desdichadas que son fruto de un cálculo de intereses o de la vanidad, y en las cuales el corazón no participó en modo alguno!

¡Cuántos desacuerdos y querellas funestas pudieron evitarse con mayor moderación y menos susceptibilidad!

¡Cuántas dolencias y enfermedades son consecuencia del desenfreno y los excesos de toda clase!

Todos aquellos cuyo corazón ha sido lastimado por las vicisitudes y los desengaños de la vida, interroguen con serenidad a su conciencia; remóntense paso a paso hasta el origen de los males que los afligen, y descubrirán que la mayoría de las veces pueden afirmar: "Si hubiese hecho o si hubiese dejado de hacer tal cosa, no me encontraría en esta situación".

¿A quién, pues, debemos responsabilizar de todas esas aflicciones, sino a nosotros mismos? Por consiguiente, el hombre es, en un gran número de casos, el artífice de sus propios infortunios. No obstante, en vez de reconocerlo, encuentra más sencillo y menos humillante para su vanidad acusar de ello a la suerte, a la providencia, a la falta de oportunidades, a su mala estrella, cuando en realidad la mala estrella reside en su propia negligencia o dejadez.

Buscar un culpable de lo que me sucede es ignorar las leyes de la naturaleza y delegar el poder de transformación que todos tenemos, en excusas para no hacernos cargo y accionar desde nuestra dignidad generando alternativas de mejoramiento, en cualquier dominio de la vida. El hombre en conocimiento de la vida espiritual dispone de herramientas para trabajar por su mejoramiento moral tanto como lo hace por su desarrollo intelectual.

Muchas veces focalizamos nuestra satisfacción solo en los resultados que consideramos exitosos. El desafío es enfocarnos en la intención y el desempeño personal para ofrecer nuestra mejor versión y sofocar las tendencias de orgullo y egoísmo que interfieren en nuestra reforma moral. De esa manera estaremos creando un clima armonioso en nuestra vida interior, sin juzgarnos severamente, aprovechando las oportunidades de aprendizaje.

¿Cuán responsable sos de tu actual existencia?

¿Crees en el mérito alcanzado, basado en el ejercicio de tu voluntad?

¿Cuáles son tus interpretaciones para justificar tus aflicciones?

¿Hay penas eternas?

Imaginemos un joven de veinte años, como tantos que existen actualmente, ignorante, de instintos viciosos, que niega la existencia de su alma y la de Dios, entregado al descontrol y a cometer toda clase de perversidades. Posteriormente, en un medio favorable, ese joven trabaja, se instruye, se corrige gradualmente hasta convertirse en un hombre creyente, laborioso y compasivo. ¿No es ese un ejemplo palpable del progreso del alma durante la vida, ejemplo que se reitera a menudo? Ese hombre muere a edad avanzada como una buena persona, y por cierto su elevación está asegurada. Con todo, ¿cuál habría sido su destino si un accidente le hubiera causado la muerte cuarenta o cincuenta años antes? En esa época reunía todas las condiciones necesarias para que fuera inculpado por haber desaprovechado las oportunidades de aprendizaje; de modo que, una vez condenado, toda forma de progreso le hubiera estado negada.

Nos encontramos pues, ante un hombre que sólo se salvó porque vivió más tiempo, y que, según la doctrina de las penas eternas, se habría perdido para siempre si hubiera vivido menos, tal vez como consecuencia de un accidente fortuito. Dado que su alma pudo progresar en un momento determinado, ¿Por qué razón no habría podido progresar también después de la muerte, en caso de que una causa ajena a su voluntad le hubiera impedido hacerlo en vida? ¿Por qué Dios le habría negado los medios? El arrepentimiento, aunque tardío, no habría dejado de llegar. En cambio, si desde el instante mismo de su

27

muerte se le hubiese impuesto una condena irremisible, su arrepentimiento habría sido infructuoso por toda la eternidad, y su aptitud para progresar habría quedado anulada para siempre.

El dogma de la eternidad absoluta de las penas es, por lo tanto, incompatible con el progreso de las almas, al cual opone una barrera infranqueable. Ambos principios se anulan recíprocamente, pues la existencia de uno implica forzosamente el aniquilamiento del otro. ¿Cuál de los dos es real? La ley del progreso existe realmente: no se trata de una teoría, sino de un hecho confirmado por la experiencia; es una ley de la naturaleza, ley divina, imprescriptible. Así pues, si esta existe y no puede conciliarse con la otra, entonces la otra no existe.

Si el dogma de la eternidad de las penas fuese verdadero, San Agustín, San Pablo y tantos otros jamás habrían alcanzado la iluminación en caso de que hubieran muerto antes de realizar el progreso que los condujo a la conversión.

A este último argumento responderán que la conversión de estos santos personajes no fue el resultado del progreso del alma, sino de la gracia que se les concedió y por la que fueron tocados. Con todo, eso es un juego de palabras. Si estos santos practicaron el mal, y más tarde el bien, significa que mejoraron. Por consiguiente, progresaron. ¿Por qué Dios les habría concedido como favor especial la gracia de que se corrigieran? ¿Por qué a ellos sí y a otros no? Siempre se nos responde con la doctrina de los privilegios, incompatible con la justicia de Dios y con el amor que dispensa por igual a todas las criaturas.

Según la doctrina espírita, de acuerdo con las palabras mismas del evangelio, con la lógica y con la justicia más rigurosa, el hombre es hijo de sus obras, tanto en esta vida como después de la muerte. No le debe nada a la gracia.

Dios lo recompensa por los esfuerzos que realiza, y lo desafía por su negligencia, durante todo el tiempo que se obstina en ella.

¿Crees en un Dios que condena y no brinda nuevas oportunidades? ¿Qué misericordia divina puede separar para siempre a los seres que se aman?

¿Qué tan severo sos para juzgarte por tus aciertos y errores? ¿Te darías nuevas oportunidades para seguir aprendiendo?

La ley humana y la ley divina

La ley humana contempla ciertas faltas y las penaliza. El condenado puede pues, reconocer que sufre la consecuencia de lo que hizo. Con todo, la ley no abarca, ni puede abarcar, todas las faltas. Reprime especialmente a las que causan perjuicio a un tercero, pero no a las que sólo perjudican a quienes las cometen. Sin embargo, Dios quiere el progreso de todas sus criaturas, y por eso no deja impune ninguno de los desvíos del camino recto.

No existe una sola falta, por mínima que sea, ni una sola infracción a la ley de Dios, que no tenga consecuencias forzosas e inevitables, más o menos molestas. De ahí se sigue que, tanto en las cosas de menor significación como en las importantes, el hombre siempre es penado por donde falló. Los padecimientos que resultan de su falta constituyen para él una advertencia de que ha obrado mal. Le sirven de experiencia, le hacen sentir la diferencia entre el bien y el mal, así como la necesidad de mejorar con el fin de evitar, en lo sucesivo, aquello que se transformó para él en una fuente de pesares. Si no fuera así, no tendría ningún motivo para enmendarse. Confiado en la impunidad, retardaría su adelanto y, por consiguiente, su felicidad futura.

Pero algunas veces la experiencia llega un poco tarde. Cuando la vida ha sido desperdiciada y perturbada, cuando las fuerzas se han debilitado y el mal no tiene remedio, el hombre exclama: "Si al principio de la vida hubiese sabido lo que sé ahora, ¡cuántos pasos en falso habría evitado! Si tuviera que volver a empezar, me conduciría de muy distinto modo. ¡Pero ya no queda tiempo!"

Así como el obrero perezoso dice: "Perdí el día", él dice también: "He perdido mi vida". No obstante, del mismo modo que para el obrero el sol sale al día siguiente, y empieza una nueva jornada que le permite recuperar el tiempo perdido, también para el hombre, después de la noche de la tumba, resplandecerá el sol de una nueva vida. Una vida en la que podrá aprovechar la experiencia del pasado y las resoluciones acertadas que tomó para el porvenir.

Todo se vincula y se eslabona en el universo y se encuentra sometido a la magna y armoniosa ley de unidad, desde la más compacta materialidad hasta la más pura espiritualidad.

En la medida que el hombre progrese o evolucione modificará la ley humana para aproximarla a la sabiduría de la ley divina o natural que es inmutable.

El mundo espiritual

El mundo espiritual o invisible está conformado por todos los espíritus errantes o sin materia, que son los mismos que habitaron en algún momento este plano Tierra. En general se tiene de los espíritus una idea completamente falsa. Ellos no son (como muchos se figuran) seres abstractos, vagos e indefinidos, ni algo así como un fulgor o una chispa. Son por el contrario seres muy reales, que tienen y conservan su individualidad y una forma determinada.

Hay en el hombre o espíritu encarnado tres elementos esenciales:

1. El espíritu o alma, principio inteligente en el cual residen el pensamiento, la voluntad y el sentido moral;
2. El cuerpo físico, envoltorio material pesado y grosero, que coloca a los espíritus en relación con el mundo exterior;
3. El periespíritu, envoltorio fluídico, semimaterial, leve, que sirve de lazo o intermediario entre el espíritu y el cuerpo.

Cuando el envoltorio exterior es usado y no puede seguir funcionando, cae y el espíritu se despoja de él, como el fruto de su cáscara, el árbol de su corteza. En una palabra como se desecha una ropa vieja, fuera de uso. Esto es lo que se llama muerte.

La muerte física no es otra cosa que la destrucción del envoltorio grosero del espíritu: solo el cuerpo muere, el espíritu es inmortal.

Durante la vida terrenal el espíritu está ajustado por la influencia de la materia a la cual está unido y frecuentemente condiciona sus facultades. La muerte del cuerpo físico lo desembaraza de sus lazos, se emancipa y recobra su libertad, como la mariposa saliendo de su crisálida. Deja el cuerpo material que se descompone naturalmente y conserva el periespíritu que constituye para él un archivo indeleble de todas y cada una de sus experiencias (a semejanza de un disco rígido).

En su estado normal el periespíritu es invisible, pero el espíritu puede imprimirle modificaciones que lo vuelven momentáneamente perceptible a la visión e incluso al tacto, tal como ocurre con el vapor condensado. Es así como puede, algunas veces, mostrarse en las apariciones.

Es con ayuda del periespíritu que el espíritu actúa sobre la materia inerte y produce diversos fenómenos de ruidos, de movimientos, de escritura, etc. Los golpes y los movimientos son para los espíritus los medios de mostrar su presencia y de llamar la atención, exactamente como cuando una persona nos toca para advertirnos de su presencia. Hay los que no se limitan a ruidos moderados, sino que llegan a mostrar un estrépito semejante al de la vajilla que cae y se rompe o de puertas que se abren y vuelven a cerrarse, o de muebles derribados.

Los espíritus pueden manifestarse de varias maneras, entre otras por la visión y la audición. Ciertas personas llamadas médiums auditivos, tienen la facultad de oírlos y pueden conversar así con ellos. Otros los ven, son los médiums videntes.

Los espíritus que se manifiestan a la visión, generalmente se presentan bajo una forma análoga a la que tenían en vida, pero vaporosa. Otras veces esa forma tiene todas las apariencias de un ser vivo, al punto de engañar completamente con su presencia.

La visión permanente y general de los espíritus es muy rara, pero las apariciones individuales son bastante frecuentes, sobre todo en el momento de la muerte. Antiguamente se veían estos hechos como sobrenaturales o maravillosos atribuyéndolos a la magia y a la hechicería. Hoy los incrédulos los atribuyen a la imaginación, pero desde que la ciencia espírita nos dio la clave, sabemos cómo se producen y que son parte de fenómenos naturales.

En Francia el pedagogo Prof. Hipólito León Denis Rivail, con el seudónimo de Allan Kardec, presentó en 1857, "El libro de los espíritus", una propuesta para estudiar la naturaleza, origen y destino de los espíritus y su relación con el mundo corporal. En esa obra filosófica y en "El libro de los médiums", publicada en 1861, ofreció las bases para estudiar los fenómenos inteligentes que nos acercan al conocimiento de la vida espiritual.

Quien haya leído las obras de Allan Kardec tiene el desafío de cuestionar su propio paradigma, incorporando herramientas racionales para alimentar su fe, transformándola en dinámica, ágil y evolutiva.

Actualmente hay desarrollo de investigaciones con la transcomunicación instrumental (TCI), que es un grupo de tecnologías que permiten comunicarse electrónicamente con personas fallecidas para continuar percibiéndolos y recibiendo información. Se usan grabadores, ordenadores, teléfonos móviles, etc. Podemos recibir mensajes que pueden ser de seres queridos u otros que nos dejan su testimonio esclarecedor.

Los espíritus no siendo otra cosa que las almas de los hombres, no pueden naturalmente, volverse perfectos al dejar su cuerpo. Hasta que hayan progresado, conservan las imperfecciones de la vida corpórea. Por eso se los observa en todos los grados de bondad y de maldad, de saber y de ignorancia.

Los espíritus se comunican generalmente con placer, y para ellos es una satisfacción ver que no fueron olvidados; describen voluntariamente las impresiones que tuvieron al dejar la Tierra, su nueva situación, la naturaleza de sus alegrías y de sus sufrimientos en el mundo de los espíritus donde se encuentran. Unos son muy felices, otros infelices. Algunos incluso soportan horribles tormentos, según la manera como vivieron y el empleo bueno o malo, útil o inútil que hicieron de la vida.

Desde la ignorancia se creía que los espíritus, por el solo hecho de ser tales, debían poseer la ciencia y la sabiduría supremas, pero la experiencia no tardó en demostrar que eso es un error. Entre las comunicaciones impartidas por los espíritus, algunas son sublimes por su profundidad y elocuencia, por su sabiduría y moral, y sólo reflejan la compasión y la benevolencia. Otras son muy vulgares, frívolas, triviales e incluso groseras, y a través de ellas el espíritu revela los instintos más perversos. Así pues, es evidente que las comunicaciones no pueden proceder de la misma fuente, y que si bien existen espíritus buenos, también los hay malos o ignorantes.

De las comunicaciones de los espíritus desencarnados surge la prueba de la existencia del mundo espiritual, en medio del cual vivimos, y los espíritus más ignorantes lo demuestran cotidianamente tanto como los más elevados moralmente.

La existencia del mundo invisible entre nosotros, como parte integrante de la humanidad terrestre, es un hecho demostrable que impacta y provoca una revolución total en el mundo de las creencias; es la clave del pasado y el porvenir del hombre, algo que las filosofías han buscado en vano para dar respuesta a sus inquietudes existenciales.

La doctrina espírita revelando la existencia de un mundo espiritual o invisible, tan vivo como el nuestro, abre el pensamiento humano al horizonte ante el cual éste todavía vacila, desconcertado, deslumbrado.

Las relaciones que esta revelación facilita entre los muertos y nosotros, los consuelos, los estímulos que emanan de ello, la certeza de reencontrar nuevamente a aquellos a los que considerábamos para siempre perdidos, de recibir de ellos enseñanzas destacadas, todo esto constituye un conjunto de fuerzas, de recursos morales que el hombre inteligente debería aprovechar en su beneficio.

La comunicabilidad con el mundo espiritual a través de médiums, chamanes, brujos, hechiceros u otras denominaciones, es tan antigua como la humanidad y está presente en la historia de todos los pueblos. La doctrina espírita viene a mostrar en el estudio e investigación de estos fenómenos naturales la presencia del enfoque moral como objetivo central y esto jerarquiza a los mismos, dándole un carácter científico a cualquier experiencia que se precie de seria e instructiva.

Observando a los espíritus en todas las fases de su nueva existencia, según la posición que ocuparon en la Tierra, el tipo de muerte, su carácter y hábitos como hombres, se llega a un conocimiento sino completo, por lo menos bastante preciso, del mundo invisible, para darse cuenta de nuestro estado futuro y presentir la suerte feliz o infeliz que nos espera allí.

La vida espiritual es la vida normal del espíritu y es eterna. La vida material es transitoria y pasajera: no es sino un instante en la eternidad.

En el intervalo de sus existencias o experiencias de vida física, el espíritu está errante. La erraticidad no tiene una duración determinada. En ese estado es feliz o infeliz, según el buen o mal empleo que hizo de su última existencia. Él estudia las causas que apresuraron o retrasaron su adelanto. Toma las resoluciones que procurará poner en práctica en su próxima encarnación y escoge el camino, las pruebas que cree más apropiadas para su evolución. Aunque en algunas ocasiones, ya reencarnado, se equivoca o sucumbe porque no mantiene las resoluciones que había tomado como espíritu.

La importancia que el hombre da a los bienes terrenales está en razón inversa de su fe en la vida espiritual. Es la duda sobre el futuro lo que le lleva a procurar sus alegrías en este mundo, satisfaciendo sus pasiones, inclusive a expensas del prójimo.

Es natural la desesperación en aquél que cree que todo acaba con la vida del cuerpo, pero carece de sentido en aquél que tiene fe en la vida espiritual.

El espíritu no tiene sexo. La orientación sexual y la identidad de género, relacionadas con el psiquismo, las experiencias pretéritas, la condición hormonal del cuerpo físico y otros factores, son distintas formas de aprender. Esta mirada plantea una revisión completa del pensamiento científico, donde coexisten expresiones que demuestran gran ignorancia al respecto de la sexualidad en la especie humana. Confunde el hecho que los órganos sexuales tienen como principal función la reproducción de la especie.

Todos somos iguales ante Dios y simplemente elegimos distintas formas de aprendizaje para aprovechar nuestro paso por este plano Tierra. La interpretación desde la perspectiva espiritual nos induce a aceptar las diferencias y tener una mirada empática y amorosa con todos los seres de la creación.

¿Cuánto conoces o desconoces de la vida espiritual? ¿Sientes curiosidad al respecto?

¿Cuáles son tus juicios u opiniones frente a lo desconocido? ¿Qué te conviene creer?

Fatalidad o libre albedrío

Cada persona vive y crece en función de modelos aprendidos, en escenarios particulares que determinan sus tendencias, gustos y conductas que están también condicionadas por el contexto familiar y/o social en el que se desenvuelve.

La fatalidad absoluta no existe ya que aceptarla sería negar el libre albedrio que nos posibilita ejercer la voluntad y el poder personal para aprender, frecuentemente, en base a aciertos y errores.

El espíritu inmortal trae en la actual existencia un bagaje de competencias y debilidades, que necesitan ser trabajadas en la etapa terrenal como una escuela, donde aprendemos lo que necesitamos aprender para conquistar nuevos estadios morales de perfección. En la vida espiritual o primitiva lo que importa es el nivel moral alcanzado y es lo que establece la jerarquía o categoría de los espíritus.

Si la conducta del hombre estuviera sujeta a la fatalidad, no habría para él ni responsabilidad del mal ni mérito por el bien que practica. Por consiguiente, todo castigo sería una injusticia; y toda recompensa, un absurdo. El libre albedrío del hombre es una consecuencia de la justicia de Dios, es el atributo que le confiere dignidad y lo eleva por encima de las demás criaturas.

Tenemos, como encarnados, un olvido temporal de las experiencias de otros momentos de vida que nos posibilita aprender sin el peso de la culpa por los errores cometidos al apartarnos de la ley divina o natural.

La reencarnación explica racionalmente las capacidades naturales de algunos niños que a edad temprana muestran facultades especiales en algunas disciplinas como el arte, deportes, ciencias, lenguas, etc. Los llamados niños prodigios son espíritus viejos con destrezas adquiridas en otros momentos de vida (encarnaciones anteriores).

Las condiciones de crianza, educación y el contexto social en el que crece cada persona son particulares. Lo mismo sucede con sus patrones genéticos que favorecen la formación de un organismo físico (otorgado por los progenitores) apropiado a sus necesidades evolutivas.

En el ejercicio de la paternidad propiciando una nueva encarnación, la materia proviene de la materia (gametos femenino y masculino) aunque el espíritu es ajeno al espíritu de los padres y puede ser afín a estos o no. Esto ocurre en el marco de una ley universal que determina para cada cual una condición acorde a sus expectativas de progreso.

El perfeccionamiento del espíritu es fruto de su propio esfuerzo. No logrando en una sola existencia o vida corpórea adquirir todas las cualidades morales e intelectuales que deben conducirlo al objetivo, él lo alcanza por una sucesión de existencias, en cada una de las cuales da algunos pasos adelante en el camino del progreso. Podemos avanzar o detenernos aunque nunca involucionamos o retrocedemos. Esta observación anula el concepto de metempsicosis o reencarnación en animales, de espíritus que han tenido una experiencia humana.

El Ángel guardián es un espíritu protector de orden elevado que tiene una misión similar a la de un padre respecto a sus hijos: llevar a su protegido al buen camino, ayudarle con sus consejos, consolarlo en sus aflicciones y sostenerle en las pruebas o vicisitudes de la vida. Todos deberíamos ser conscientes de esta presencia espiritual y trabajar esa relación para aprovecharla positivamente.

Los conflictos en las relaciones humanas de todo tipo surgen como una consecuencia natural del orgullo y el egoísmo imperante aún en este mundo Tierra, donde algunos se arrogan el derecho de tener la verdad en sus manos e imponer condiciones de sometimiento y/o manipulación a cualquier costo, generando mucho sufrimiento. Cualquier relación debe mantener una relativa simetría para ser sostenible en el tiempo y buscar el beneficio mutuo. Caso contrario aquel que se siente disminuido o desvalorizado buscará consciente o inconscientemente cambiar la situación imperante con maniobras lícitas o no. Es propicio blanquear o hacer explícito (generar conversaciones) este mecanismo para explorar nuevas formas de relación que respeten la dignidad de ambas partes. A nadie le gusta ser sometido o manipulado y estas relaciones así planteadas, se transforman en insalubres o tóxicas.

La espiritualidad, con la idea de la reencarnación pone orden en la mente humana y permite inferir o crear interpretaciones que colaboren para alcanzar el bienestar en nuestras vidas, aunque no reparen la inequidad que está presente en todas las comunidades.

Aceptar lo que nos sucede es el primer paso para crear alternativas de mejoramiento respetando nuestra dignidad y la de nuestro prójimo. Los seres humanos ocupan gran parte de su tiempo en satisfacer necesidades básicas de sobrevivencia, y no planifican espacios y motivaciones para reflexionar sobre las cuestiones trascendentes de la vida. La muerte física iguala a todos en posibilidades ya que de este mundo no nos llevamos nada relacionado con lo material (poder económico, títulos profesionales, políticos, nobleza, etc.) y si, trascienden nuestros logros espirituales, es decir todas aquellas conquistas de valores humanos o virtudes.

En el periespíritu (cuerpo semimaterial), se archivan a semejanza de un disco rígido todas y cada una de las experiencias vividas. Esto implica que en el mundo espiritual no podemos disfrazarnos o simular. Nos mostramos tal cual somos, con la categoría moral que hemos alcanzado hasta ese momento.

Nuestras creencias determinan consciente o inconscientemente cuales serán nuestros pensamientos y conductas. Qué podemos hacer y qué no. La buena noticia es que siempre podemos revisar las mismas y reflexionar si nos convienen o no. Aquellas que nos limitan para alcanzar nuestros objetivos de vida se llaman limitantes y aquellas que nos posibilitan realizarlos se denominan potenciadoras.

El poder de cambiar una creencia, reside en cada persona. Nos conviene elegir aquellas que nos ayuden a estar bien con nosotros mismos. Esta actitud no nos transforma en egoístas, si deseamos estar bien para relacionarnos saludablemente, primero con nosotros mismos y consecuentemente con aquellos que nos rodean.

Existe una creencia popular muy fuerte que refiere que somos de una determinada manera y por lo tanto estamos condenados a actuar de modo similar en cualquier circunstancia. Esto es una falsedad porque niega el aprendizaje y la transformación personal en cualquier etapa de la vida.

Tenemos el poder de rediseñarnos y elegir aquellas creencias y formas que nos ayuden a mejorar nuestra calidad de vida, a cualquier edad.

¿Te resulta fácil o difícil aceptar lo que te sucede?

¿Te diste cuenta que creer en la fatalidad es el camino más cómodo? ¿Qué desafíos te gustaría enfrentar para rediseñar tu existencia?

El poder curativo del amor

Con distintos abordajes hay autores que sostienen que el ser humano se nutre emocionalmente al dar y recibir amor.

Las expresiones de afecto con nosotros mismos y nuestro entorno son indispensables para generar un estado de bienestar o equilibrio en el que nos sentimos útiles y disfrutamos de la vida porque nos vemos incluidos en ella. Aunque muchas cosas no nos gustan, la actitud de sentirse protagonista nos facilita encontrar un propósito y darle sentido a nuestra existencia.

Ya los griegos en la antigüedad descubrieron que con las relaciones afectuosas, las demostraciones de cariño, con el amor, se podía curar.

Debemos recordar que el amor es el componente fundamental de la naturaleza, que conecta y une a todas las cosas y las personas. La energía del amor es en potencia, más fuerte que cualquier bomba y más sutil que cualquier hierba. Lo que sucede es que aún no hemos aprendido a aprovechar esa energía tan elemental y pura.

"El amor es la terapia más poderosa que existe"

En la experiencia cotidiana de la relación médico-paciente nos preguntamos: ¿qué impacto tiene la comunicación en los pacientes? Cuando estas son frías, protocolares, distantes o cuando son afectivas, cercanas y se consigue una conexión con el sufriente. ¿Qué percibe el paciente y/o el terapeuta?

El desarrollo de la Psiconeuroinmunoendrocrinologia ha demostrado la influencia de nuestros pensamientos en la fisiología de nuestro cuerpo, especialmente en el sistema inmunológico que es el que actúa y nos defiende de los desequilibrios o enfermedades.

A veces el propio sistema inmunológico está alterado y origina los desequilibrios en las llamadas enfermedades autoinmunes.

El encuentro entre los seres humanos es curativo. Lo importante en las distintas terapias es la conexión entre el terapeuta y el paciente ya que tiene un impacto directo a todo nivel.

Hoy es incuestionable que el amor es capaz de transformar cualquier dolencia en el ser humano. Por ejemplo, un paciente que ha sufrido un infarto de cerebro y está rodeado de personas que le demuestran afecto tiene menos posibilidades de tener infecciones o complicaciones. Es cuantiosa la documentación existente del poder curativo del amor.

El amor se aprende en la relación con los demás, en el trato con quienes me relaciono. El trato es más importante que el tratamiento. El amor es la gran medicina. Se trata de ver a cada persona como igual, a pesar de las diferencias naturales. El amor se aprende ejercitándolo diariamente con los que me relaciono.

Hay técnicas de visualización que pueden inducir una transformación, aprendiendo a reducir el miedo y la ira que son dos obstáculos para la práctica del amor.

Cuando una persona está estresada tiene más posibilidades de formar coágulos ya que aumenta la cantidad de fibrinógeno y se forman más fácilmente coágulos. El estrés puede producir también espasmos coronarios provocando infartos cardíacos.

Las realidades que no se pueden pesar o medir son más importantes que las que se pueden pesar o medir.

Obviamente el cariño no se lo puede pesar ni medir aunque si se lo puede sentir, y cuando lo sientes es transformador.

El amor es la alquimia del universo. El enemigo natural del amor no es el odio sino el miedo. Cuando descubrimos que estamos llamados a ser amor entonces el miedo desaparece.

Desde la visión estrecha del materialismo, no coloquemos a la dimensión física en la misma escala que esta dimensión superior que es el amor, la ternura, el abrazo sincero, el interés por lo demás.

Tú amas porque has decidido ser de esta manera y no esperas que te lo devuelvan. Así como el árbol no se plantea cuando da oxígeno, si el que está bajo su sombra se lo merece o no, el árbol es así.

No puede haber felicidad sin amor. Puede haber bienestar, que es goce de los sentidos. El amor es el goce del corazón.

¿Sos demostrativo de tus afectos?

¿Qué formas usas habitualmente para relacionarte?

¿Cuáles son tus creencias limitantes al respecto?

¿Conversas con tus seres queridos sobre esta temática o crees que es frívolo?

Heridas emocionales

No hay un solo ser humano que no lleve consigo sus correspondientes heridas. Llamo heridas a todos aquellos traumas que nos han dividido por dentro, que nos han separado de nosotros mismos, de los demás, de la naturaleza y de la vida en general. Son estas heridas las que dan lugar a los personajes que se apoderan de nuestras vidas y acaban constituyendo a la persona. Personajes como el niño herido, o el ego parental (práctica de padres que comparten en redes sociales la vida de sus hijos), que ejercen una enorme influencia en nuestra existencia de adultos.

Debido en gran medida a la forma en que fuimos educados, todos y cada uno de nosotros creamos una imagen, una forma de vernos que se proyecta en cada cosa que pensamos, sentimos, decimos y hacemos.

Estos traumas y heridas, sobre todo cuando se han producido en la infancia, generan una sensación de soledad, indefensión, impotencia, miedo y desesperanza que nos causan un enorme sufrimiento.

Nuestras heridas pueden aparecer por distintas razones. Podemos por ejemplo, habernos sentido rechazado o no suficientemente queridos, torpes e inadecuados y, lo que es más triste, sobre todo si se nos ha tratado de manera humillante, pensamos que nos humillaban porque lo merecíamos.

Cuando somos pequeños la influencia de nuestros padres, hermanos, profesores y compañeros es enorme, porque actúan como si fueran espejos en los que nos miramos. Aprendemos a vernos como ellos nos ven, aprendemos a valorarnos como ellos nos valoran y, lo que es aún más sorprendente, acabamos creyendo que eso es lo correcto.

Terminamos acostumbrándonos a lo que nos resulta más familiar. Ya de adultos y aunque suframos, buscaremos esa continuidad e incluso rechazaremos a quienes nos traten con respeto y consideración, ya que semejante trato no nos resulta familiar, y por eso, nos produce una gran incertidumbre.

Una vida se transforma cuando reconectamos con la grandeza que hay en nuestro interior y favorecemos que se despliegue y alcance su plenitud.

"Hasta que no llevemos a la consciencia el inconsciente, éste seguirá dirigiendo nuestras vidas, y nosotros lo seguiremos llamando destino"

Carl Jung

La sanación emocional es el proceso terapéutico que nos permite aceptar, comprender y autorregular esos estados psicoemocionales que limitan el bienestar y condicionan por completo nuestra vida.

Las heridas emocionales son una sutil y complejísima combinación de emociones de valencia negativa que cuesta comprender, y sobre todo manejar.

En caso de no sanar nuestras emociones dolorosas, éstas pueden convertirse en heridas abiertas capaces de afectar por completo nuestra calidad de vida.

No estamos obligados a saber qué hacer en este tipo de situaciones. Sentirnos perdidos es del todo comprensible y respetable; nadie nos puede juzgar por ello. Cada cual tiene sus habilidades más o menos efectivas, aunque lo más práctico es pedir ayuda, buscar el apoyo de alguien cercano o de un terapeuta.

En el transcurso de la vida nos encontraremos más de una vez en este tipo de encerronas del destino. Esas en las que apenas se encuentran las palabras para expresarnos, sintiéndonos como astronautas a la deriva en una vastedad negra. Sin embargo, todos podemos desarrollar adecuados recursos o competencias para manejar mucho mejor esos momentos de sufrimiento y vulnerabilidad.

"Una emoción no causa dolor. La resistencia o supresión de una emoción causa dolor".

Hay muchas experiencias estresantes que pueden causar profundas heridas emocionales, esas que nadie ve. El sufrimiento y la angustia emocional son una eterna motivación en nuestras existencias. Pérdidas, rupturas, decepciones; nadie es inmune a esos giros del destino ni a esas muescas que deja la vida y nuestras relaciones con los demás. Cada persona lidia de un modo particular ante la adversidad, hay quienes son más resilientes en tanto otros son más vulnerables.

Es muy común arrastrar desde la infancia hechos traumáticos que tardan en superarse. Uno puede llegar a la edad adulta con el peso de la tristeza, la herida del desconsuelo y la cicatriz de la rabia. Las emociones se entremezclan y originan un tipo de caparazón que atraen la soledad y más de un trastorno psicológico, como la depresión.

La represión emocional es un estado en el que la persona cohíbe las emociones para intentar minimizar el dolor. Sin embargo, con esta estrategia lo que se logra es perpetuar el propio sufrimiento.

Una tendencia muy frecuente es la negación y el desplazamiento de las emociones de valencia negativa.

Hacer como si no estuvieran, jugar a que está todo bien, focalizarnos en otras ocupaciones y esperar que el tiempo apacigüe el dolor son estrategias a las que se recurre habitualmente.

La sanación emocional es un viaje terapéutico lleno de retos y dificultades. No es un proceso rápido. Por lo general, los pensamientos negativos y distorsionados dificultan ese proceso de reconstrucción donde podemos tener un enfoque mental más saludable. Armamos barricadas y mecanismos de defensa para protegernos a largo plazo, que se instalan en la mente durante años.

El proceso de curación emocional necesita tanto de un ejercicio de autoconciencia como de transformación. En esa travesía hay que tener en cuenta que no volveremos a ser la persona de antes. El crecimiento postraumático no nos devuelve a esa antigua versión de nosotros mismos que nunca conoció el dolor. Daremos paso a un "yo" más hábil a la hora de afrontar la vida y requiere dejar de juzgarnos por cada emoción sentida.

La curación psicológica precisa apoyo, saber que no estás solo. La psicología sólo funciona si el terapeuta logra conectarse con el paciente en un plano de verdadero afecto. "Lo que cura es la relación, no la técnica".

Un aspecto indispensable para afrontar el sufrimiento es el apoyo social. Sentirnos comprendidos, contar con personas que nos acompañen, que saben ser aliados y con quienes podemos hablar y desahogarnos es el mejor punto de partida.

El problema de muchas personas es que son capaces de ponerse en el lugar de los demás, de entender el papel que jugaron las circunstancias para que reaccionaran de una u otra forma en un determinado momento, pero no logran lo mismo con ellas.

Con frecuencia, quien ha sido herido o perdió a alguien lleva consigo el peso de la negación, de la ira y el eterno "por qué a mí". Es necesario dejar de juzgarnos, de culpabilizarnos o victimizarnos.

La sanación emocional necesita dejarle espacio a toda sensación, sentimiento y pensamiento que se experimenta. Hay que poner fuera lo que hay adentro para poder observar sin miedo y con una elevada compasión.

Evitar lo que duele o reprimir lo sucedido en el pasado, no funciona. Nombrar lo que duele, explorarlo, desahogarlo e integrarlo en nuestra historia pasada, nos permitirá cerrar etapas para focalizarnos en el presente.

Los traumas o los hechos dolorosos del ayer nos hacen reaccionar de muchas maneras. Es común derivar en explosiones de ira, en ataques de ansiedad, en conductas de evasión que nos inducen a perder relaciones, trabajos, etc.

La curación emocional nos obliga a profundizar en nuestros estados internos para responder a ellos sin llegar a situaciones extremas.

Racionalizar y entender lo que duele, evitará que derivemos en situaciones o reacciones patológicas.

Cuando por fin podemos elegir cómo responder ante lo que duele, turba o preocupa, nos convertirnos finalmente en la persona que queremos ser.

Ningún proceso terapéutico es lineal. La sanación emocional es un recorrido en el que hay ascensos y caídas, logros y retrocesos. Habrá momentos en que tengamos la sensación de que avanzamos y de pronto, cualquier vivencia puntual sin importancia nos hace tener un día nefasto. No podemos juzgarnos por ello ni acusarnos de ser un caso perdido.

Por otro lado, tampoco pensemos que todo puede resolverse a la vez. A menudo, detrás de una serie de emociones se encuentran las raíces profundas de un trauma. Hay realidades psicológicas muy singulares que requieren de más de un mecanismo de afrontamiento.

Cada persona lleva consigo una historia única, narrativas propias y una mochila emocional que debe analizarse y comprenderse. Sin apuro. Son sin duda situaciones de gran complejidad que requieren tiempo, adecuadas estrategias y grandes dosis de amor por uno mismo.

Toda pérdida está acompañada de un gran aprendizaje y el desafío es aprovecharlo a partir de ampliar nuestra conciencia hacia los valores espirituales. Es muy abrumador no tener respuesta desde el paradigma materialista y pensar que todo termina con la muerte física, que los lazos afectivos que nos unían al ser querido se pierden irremediablemente, generando un vacío, una falta de sentido en nuestra vida.

El conocimiento de la vida espiritual a partir de nuestras propias experiencias, cultivando la oración, la meditación y el sentido común nos facilitan desarrollar los antídotos para combatir el vacío que genera la pérdida de un ser querido.

¿Qué heridas emocionales tienes aún por sanar?

¿Con quién te gustaría conversar para blanquear conflictos no resueltos?

¿Sabías que aunque no esté encarnado un ser querido puedes conversar con él y pedir perdón o sanar la relación?

¿De qué te arrepientes o te gustaría reparar el daño ocasionado? ¿Qué miedos te impiden actuar desde el amor?

Diseño personal o cocreación

La vida no está hecha, somos nosotros quienes la hacemos a cada instante. Los creyentes afirman que estamos cocreando nuestra vida con la divinidad.

Cotidianamente creamos nuestro perfil o estilo de vida, cuando escogemos cómo alimentarnos, cómo respirar, cómo trabajar, cómo descansar, cómo pensar, cómo y con quién relacionarnos. En la medida en que ampliamos nuestra consciencia respecto a cada una de nuestras actividades, de alguna manera estamos eligiendo ser saludables o caer en desequilibrios; generando salud o enfermedad.

Somos seres emocionales y la gestión de nuestras emociones tiene amplia repercusión en nuestra salud y nuestras vidas. No aprendimos a expresar verbalmente lo que sentimos y esto nos limita para relacionarnos con nosotros mismos y nuestro entorno.

Tenemos incapacidad para hablar de aquellas cuestiones que nos desagradan y reconocer las posibles soluciones para nuestras problemáticas. Aunque somos expertos para resolver situaciones ajenas cuando nos solicitan ayuda o consejo.

Cuando tenemos incapacidad para expresar nuestros disgustos, tardamos más en procesar lo que sentimos y generamos así una tensión interna que se alimenta cotidianamente hasta alcanzar un punto de explosión o somatización, que es particular para cada persona (dolor de espalda, gastritis, precordalgia, cefalea, etc.). Ser conscientes de este proceso interno nos induce a buscar conductas que colaboren a evitar situaciones extremas y generar espacios de conversación que suavicen el impacto de esos estados emocionales en nuestras vidas.

La actitud de identificar lo que nos disgusta y conversar sobre el particular con alguien de confianza, tiene un efecto sanador descomprimiendo esa tensión interna que causamos inconscientemente.

Las respuestas orgánicas a nuestros pensamientos son automáticas y según las distintas emociones se liberan sustancias químicas, llamadas 'neurotransmisores' que nos provocan euforia o agotamiento. El organismo físico no reconoce si la situación es real o imaginaria (para el cuerpo es real) por lo que debemos tener cuidado con la información que consumimos ya que la misma puede afectarnos en un sentido u otro, generando síntomas que no tienen una explicación lógica o consciente para nosotros.

Nuestra conversación interna o privada (con nosotros mismos) es generalmente muy intensa y provoca estrés. Imaginamos y pensamos alternativas que quizás nunca ocurran, generando expectativas que escapan a nuestras posibilidades de acción. En salud mental se busca cómo disminuir ese parloteo mental que nos aturde. Se utilizan técnicas respiratorias, musicoterapia, meditación, terapia ocupacional, visualizaciones, para gestionar la serenidad de nuestro ser.

La importancia de las emociones en las personas es que las mismas nos habilitan para la acción. Siempre accionamos desde una determinada emocionalidad y cada una de ellas propicia o facilita un tipo de acciones y no otras. De ahí el valor de reconocer y gestionar las emociones propias y las de nuestro interlocutor.

¿Qué vida te gustaría crear a partir de hoy?

¿Qué sombras o debilidades propias te gustaría trabajar y superar?

¿Qué te gustaría aprender para generar serenidad y armonía en tu vida?

¿Cuál es mi propósito de vida?

Desde la mirada de la Ontología del Lenguaje el éxito es considerado como la capacidad para conseguir aquello que me propongo. Tener objetivos claros, concretos, alcanzables, medibles, positivos, que dependan de mí, me facilita encontrar un propósito para mi vida. En caso contrario se genera un vacío existencial que tiene como consecuencia frecuente la depresión.

Cuando pensamos que la vida no tiene sentido, hemos perdido la conexión con el espíritu o principio inteligente que somos.

Si no encontramos sentido y propósito, no tenemos una dirección a la que dirigirnos. Es como andar a ciegas sin llegar a ningún lado. Esto genera una falta de confianza en el futuro y, como consecuencia, bloquea nuestra capacidad de actuar.

A esta sombra del alma, el neurólogo y filósofo austríaco, Víctor E. Frankl la denominó 'depresión noógena'. Llamada también 'neurosis existencial', se caracteriza por una falta de ilusión, que alcanza a todo. Cuando alguien cree que la vida no tiene sentido, pierde los sueños y, consecuentemente, la motivación por hacer planes. El siguiente paso es el bloqueo de la acción, no hay adónde ir, luego no hay qué hacer.

Según Stephen Covey las personas exitosas están enfocadas en aquellas cuestiones que dependen exclusivamente de ellas, y en vez de preocuparse, directamente se ocupan desarrollando la proactividad.

Esto aplicado a la salud es enfocarme conscientemente en mis hábitos personales para evaluar qué tipo de vida estoy generando con ellos.

Muchas conductas adictivas tienen como objetivo inconsciente escapar de estados emocionales de insatisfacción. Siento la necesidad de no sentir algo que me disgusta o simplemente crear una sensación efímera de placer, que me aleje transitoriamente de aquello que me desagrada sentir.

Cuando enfoco mi atención en una determinada situación de mi experiencia, tengo más posibilidades de aprendizaje. Cabe recordar que estamos viviendo transitoriamente en un organismo físico y lo que importa, es cómo aprovechamos las oportunidades de aprendizaje para conquistar nuevos estadios morales o de perfección, que es lo único que trasciende este momento de vida terrenal.

Cuando cotidianamente generamos pensamientos relacionados a nuestra experiencia terrenal y sus consecuencias en nuestra vida interior, de alguna manera estamos creando una psicosfera en la que nos desenvolvemos y este contexto psicoemocional tiene un alto impacto en nuestra salud. Si emitimos pensamientos positivos, optimistas, benévolos, compasivos, fraternos, amorosos, viviremos en un clima espiritual armonioso y sereno. Si por el contrario pensamos desde el miedo, el rencor, la venganza, el odio, el pesimismo, solo conseguiremos movernos en un ambiente psíquico pesado y violento. Desde esta perspectiva nos conviene buscar las primeras condiciones con la convicción de favorecer nuestro bienestar mental, emocional, físico y espiritual.

El poder o capacidad de acción reside en nuestra vida interior para vivir y transmitir lo que somos capaces de generar con nuestros pensamientos. Plasmar en conductas o comportamientos el ejercicio de nuestra voluntad de ser mejores personas, más empáticas, compasivas y serviciales, es el gran desafío.

El conocimiento o la nueva información no sirven como herramienta de mejoramiento personal si no se acompañan de conductas o acciones alineadas con valores éticos y morales que muestren la vocación de una reforma interior. Para conseguirlo podemos diseñar un plan de acción que incluya conductas a realizar, frecuencia, carga horaria y cómo evaluaremos los resultados de ese plan. Ni la frustración ni el conflicto interno deben considerarse como patológicos sino más bien vías de aprendizaje. Y en este proceso darnos cuenta de nuestra dimensión humana, como espíritus en evolución, nos permitirá aprender de los errores. El problema viene cuando los errores hacen que perdamos la ilusión.

El conocimiento y las vivencias espirituales nos acercan al optimismo, que es una actitud que entusiasma frente a las oportunidades de alimentarnos afectivamente generando relaciones fraternas y serviciales.

La capacidad de reflexionar sobre nuestras propias experiencias, se desarrolla con espacios de auto observación, creados con humildad y compasión para escucharnos e identificar mi propósito de vida. Este último se relaciona directamente con mis sueños, encontrar un objetivo que está guardado en lo profundo de mí ser y cada vez que lo pienso, disfruto. Si no consigo tener una vida con propósito estaré trabajando para cumplir el sueño de otros.

Los sueños representan un espacio sagrado para cada persona. Identificarlos y trabajar en ellos es alimentarlos cada día con acciones y actitudes que dan sentido a nuestras vidas.

¿Qué sueños tienes aún por cumplir?

¿Cuál es tu propósito de vida actualmente?

¿Qué hábitos te gustaría aprender e incorporar para tu vida?

Espiritualidad y depresión

La espiritualidad es el conocimiento, aceptación y desarrollo de la esencia inmaterial de uno mismo. La espiritualidad humana es definida como la conciencia de una parte de nosotros que no se manifiesta materialmente y que está ligada a algo superior a todos los seres vivos.

Experimentar algo que está más allá de la comprensión de los cinco sentidos, mente y racionalidad constituye una "experiencia espiritual".

Si no tenemos un sentido de identidad y de propósito que sea profundo y forme parte de nuestro yo más íntimo, formaremos nuestra identidad en función de lo que la sociedad nos ofrece: nuestras posesiones, los roles que ocupamos, nuestros éxitos materiales, el dinero, el poder, etc.

Pero todo esto es inestable y muy cambiante. Un día pierdes tu trabajo y tu sentido de identidad se desmorona junto con tu autoestima, porque estaba basada en algo tan frágil como el puesto que ocupabas.

Sin espiritualidad caemos fácilmente en las redes del materialismo, en la sensación de vacío y falta de sentido, lo que puede llevarnos a una depresión.

En el pensamiento religioso, la espiritualidad es dirigir la vida y el desarrollo espiritual según las enseñanzas y normas de un dios o profeta. La espiritualidad cristiana, por ejemplo, tiene como base y fundamento las enseñanzas de Cristo y de sus discípulos.

No tiene sentido estar apegado exclusivamente a esta vida, ya que por muy larga que sea, no podemos vivir más de determinada cantidad de años. Por eso no importa cuánta riqueza o recursos acumulemos en esta vida. En ese momento del regreso a la vida espiritual no nos servirán de nada.

Dalai Lama

La persona espiritual es aquella atenta a cuestiones relacionadas con el sentido de la vida, con la verdadera naturaleza del ser humano. Se hace preguntas como: ¿Quién soy realmente? ¿Por qué estoy aquí? ¿Qué pasa después de la muerte? ¿Tenemos un alma inmortal? ¿Tengo una misión o destino en mi vida?

El propósito de vivir una experiencia de vida orientada a la espiritualidad, es alinearse con la ley natural, aceptando lo que nos sucede y convertirnos en instrumentos de la divinidad. A medida que crecemos, tenemos que ayudar a otras personas a crecer también. Así que para tener una vida espiritual, es necesario ampliar nuestro interés y atención por parte de uno mismo a los demás y ayudarles en todo lo posible.

"El alma evoluciona al dar, no en la acumulación."

Ser caritativos no sólo activa el corazón y los centros energéticos del periespíritu sino que además permite elevar la calidad de la energía que metabolizamos y ayuda a neutralizar algunas de nuestras cargas negativas del pasado (karma).

La ayuda puede ser de cualquier forma, a partir de la donación de dinero, la enseñanza, el acompañamiento, dando consuelo emocional para inspirar y fortalecer a nuestro prójimo, cualquier acción que realicemos con la intención de servir desinteresadamente. La clave está en dar y compartir para crecer. La espiritualidad no se trata sólo de ganar, se trata también de servir y ayudar a otros.

Cuando perdemos la capacidad de dar sentido a nuestras vidas surge la depresión, que es un trastorno mental frecuente, que se caracteriza por la presencia de tristeza, pérdida de interés o placer, sentimientos de culpa o falta de autoestima, trastornos del sueño o del apetito, sensación de cansancio y falta de concentración. El estrés, el uso de alcohol o drogas y los cambios hormonales también afectan a la química cerebral y al estado de ánimo y pueden provocar síntomas depresivos.

Los signos y síntomas de la depresión varían de una persona a otra. Estos pueden ser: sentimientos de tristeza, ganas de llorar, vacío o desesperanza. Arrebatos de enojo, irritabilidad o frustración, incluso por asuntos de poca importancia.

La depresión es un trastorno grave que puede causar efectos devastadores tanto en ti como en tus familiares. Suele empeorar si no se trata y puede derivar en problemas emocionales, de conducta y de salud que pueden afectar todos los aspectos de tu vida, incluso en algunos casos extremos desencadenar el suicidio o autodestrucción.

La mayoría de las personas se sienten así de vez en cuando. La depresión mayor es un trastorno del estado de ánimo. Se presenta cuando los sentimientos de tristeza, pérdida, ira o frustración interfieren con la vida diaria durante un largo período de tiempo.

Existen diversas alternativas para tratar la depresión, muchas veces sin necesidad de medicación. Nos estamos refiriendo fundamentalmente a la psicoterapia. La psicoterapia es un modelo de terapia profundo que te ayuda a estructurar tus pensamientos y a encontrar de nuevo el placer de vivir.

La Doctrina Espírita ofrece las bases de una fe razonada, dinámica que sostiene la estructura psicológica y espiritual del individuo frente a las hostilidades del medio social, en una crisis casi permanente, y permite comprender y aceptar las innumerables situaciones de vida que nos inducen a cuestionar la Justicia Divina.

¿Te consideras una persona propensa a caer en estados depresivos?

¿Prefieres ser pesimista u optimista frente a los desafíos de la vida?

Hábitos saludables

Un hábito es el resultado de una acción que repetimos frecuentemente de forma automática o inconsciente. Los hábitos saludables son todas aquellas conductas que tenemos asumidas como propias en nuestra vida cotidiana y que influyen positivamente en nuestro bienestar físico, mental y social.

"Educar es crear hábitos"

Allan Kardec

Vivimos con gran porcentaje de inconsciencia la mayor parte de nuestra vida cumpliendo rituales de respiración, alimentación, descanso, ejercicio físico, trabajo, recreación, etc.

El desafío es ampliar la conciencia de nuestra vida para hacerla más saludable y disfrutable, en consonancia con el ejemplo de la naturaleza que es tan pródiga y que muchas veces tratamos con desconsideración, abusando de ella.

Propongo transformarnos en líderes y protagonistas de nuestra vida para decidir qué nos beneficia o perjudica para conseguir salud o bienestar.

Tenemos oferta de alimentos y drogas sintéticas que producen sensaciones agradables y efímeras en nuestro organismo, aunque muchas veces generan efectos dañinos para nuestra salud.

La vida emocional puede producir tanto salud como enfermedad. Los trastornos denominados psicosomáticos están relacionados frecuentemente con el estrés.

Algunas hormonas segregadas en presencia de emociones vinculadas al estrés obstaculizan o debilitan el sistema inmunológico, y nos hacen más vulnerables a los agentes patógenos.

Las personas con tendencia a la acción violenta y la ira sufren trastornos cardiovasculares.

Una actitud optimista con emociones positivas de esperanza, tiene relevancia para la curación.

Las adicciones de cualquier tipo, sean el alcohol, el tabaco, el sexo, drogas ilegales, el juego, guardan relación con formas erróneas de resolver situaciones emocionales mal controladas. Emborracharse por un disgusto puede estar socialmente más o menos aceptado (beber para olvidar), pero lo que es seguro es que está relacionado con un intento de cambiar de manera artificial, un estado de ánimo preexistente.

El enfoque ecológico de cualquier decisión o conducta es preguntarnos:

¿Los alimentos que elijo consumir me ayudan a estar saludable?

¿Lo que me voy a administrar me daña a mí o a mi entorno?

¿Estoy trabajando o descansando lo suficiente?

¿Qué estoy generando con mis hábitos personales en mi vida de relación?

¿Estoy conforme con las rutinas de trabajo y pensamientos que genero diariamente?

Obsesión o influencia espiritual

El dominio que algunos espíritus pueden ejercer sobre ciertas personas se denomina 'obsesión' o 'influencia espiritual'. Se trata en todos los casos de espíritus inferiores que desean manipular, ya que los buenos no actúan compulsivamente.

Muchos desórdenes psíquicos y físicos están originados por relaciones insalubres con espíritus errantes o encarnados. Estos trastornos son denominados 'procesos obsesivos' y pueden ser de tres grados.

- **Obsesión simple**: son influencias en la mente del obsesado, induciendo pensamientos e ideas perniciosas que el individuo no sabe distinguir si son propias o ajenas. Este mecanismo es más común de lo que pensamos.

- **Fascinación:** el paciente o médium se enfoca en ideas que defiende como verdades reveladas y las hace propias aunque atenten contra el sentido común. La influencia genera una especie de fanatismo que le impide reconocer otras opiniones y se cree dueño de la verdad.

- **Subyugación o Posesión:** en estos casos hay una manipulación de la voluntad y la persona es capaz de tener pensamientos y conductas reñidas con la lógica y las reglas de convivencia. El obsesado se transforma en un títere o marioneta que es manejado por una voluntad ajena (espíritu obsesor).

La doctrina espírita propone esta clasificación (puede haber otras) y nos desafía a realizar un diagnóstico diferencial con enfermedades mentales que pueden tener otro origen y/o tratamiento.

Según Allan Kardec todos somos médiums, es decir que tenemos una capacidad natural para captar o sentir a los espíritus y cuyo desarrollo depende de nuestra condición orgánica. El periespíritu maleable del médium posibilita la influencia de otro espíritu errante o encarnado y explica el complejo mecanismo de la obsesión.

La influencia del mundo espiritual en nuestras vidas es mucho mayor de la que nosotros suponemos.

La capacidad de percepción de presencias espirituales depende físicamente de la glándula epífisis, que está localizada en el centro del cerebro. Los cristales de hidroxiapatita que contiene la mencionada glándula son los que receptan las ondas electromagnéticas que utiliza el espíritu para influir sobre el organismo físico.

Muchas personas sienten ostensiblemente las presencias espirituales y desconocen o ignoran esta influencia por prejuicios o miedo a ser juzgados de raros o diabólicos. Cuando no somos capaces de metabolizar y dar un curso natural a esas relaciones, somatizamos trastornos del sueño, de alimentación y de sexualidad.

Si pensamos y actuamos en consonancia con la ley universal en senderos de armonía, fraternidad, gratitud, benevolencia, compasión y misericordia, por afinidad atraemos espíritus con esas tendencias, haciéndonos acreedores de compañías espirituales que nos protegen e inducen al bien (por ej. El ángel guardián). En las antípodas, cuando transitamos en la calumnia, la confrontación violenta, el odio, el deseo de venganza, el desamor, atraemos espíritus de ese tenor vibratorio (hermanos nuestros en la ignorancia). En el ejercicio del libre albedrío somos nosotros con nuestros pensamientos y actitudes quienes inclinamos la balanza y generamos un clima acorde a nuestras elecciones.

Hay personas fanáticas que piensan que todo es digitado o causado por influencia de los espíritus y otros, materialistas o escépticos, que no creen más allá de lo que puede impresionar sus sentidos materiales y buscan en el organismo físico la causa de todos sus males. Cada caso en particular requiere un estudio o investigación para identificar sus características.

El enfoque del pensamiento sistémico propone una multicausalidad que desconocemos en gran parte y nos desafía a buscar en nuestra vida interior (auto observación) los orígenes de los desequilibrios que vivimos.

Somos espíritus inteligentes encarnados transitoriamente en un organismo físico. Cuando somatizamos algún trastorno o síntoma en la materia el proceso de desequilibrio está en una etapa avanzada. Nos conviene ampliar nuestra consciencia respecto a todas las etapas del mismo para trabajar en aquellas que podamos abordar, con aceptación, humildad y compasión por nosotros mismos.

El abordaje de la obsesión en sus distintas manifestaciones tiene como objetivo imprescindible la educación moral de los partícipes del proceso mediante un tratamiento espiritual.

La oración es un poderoso auxilio en las perturbaciones espirituales aunque no basta con murmurar algunas palabras para lograr lo que se desea. Para acercarse a Dios es menester accionar y no limitarse a pedir.

Mientras mayor jerarquía moral tiene un espíritu, mayor autoridad tiene sobre los espíritus imperfectos para alejarlos y sobre los buenos para atraerlos.

Pensando y practicando el bien, siguiendo las enseñanzas de la moral cristiana, poniendo nuestra confianza o fe en Dios, podemos rechazar la influencia de espíritus inferiores y neutralizar el impacto que desean ejercer sobre nosotros (por ejemplo: sugerencia de malos pensamientos que promueven discordia y excitan a las malas pasiones).

La doctrina espírita propone un abordaje simultáneo del espíritu obsesor (incorporándolo a través de un médium para conversar) y del paciente. Se propicia un enfoque cristiano de perdón y trabajo moralizador en ambas partes para sanar la relación enfermiza. Los resultados son aleatorios. Se busca ampliar la conciencia de la ley divina en un clima de respeto, compasión y voluntad de superación. Se necesitan condiciones de apertura mental y emocional como así también de una cierta categoría moral para encarar este abordaje, que está condicionado por un merecimiento conforme a los antecedentes espirituales de los protagonistas.

En Brasil y otros países existen hospitales espíritas donde se aplica este tratamiento. Los resultados o efectos que habitualmente se esperan del mismo son impredecibles ya que existe un merecimiento acorde a la ley divina o natural. Requiere una preparación especial del grupo terapéutico en cuanto a la higiene mental, física y una organización que garantice el cuidado y respeto del proceso del paciente y su entorno espiritual.

Las técnicas de exorcismo o expulsión, todavía usadas, pueden ocasionar mejoría transitoria del cuadro morboso, aunque no brindan una solución a mediano y largo plazo. ¿A quién le gusta que lo expulsen de manera violenta o compulsiva? En la mayoría de los casos los síntomas recrudecen con mayor intensidad por un principio de acción y reacción. La educación moral es el procedimiento apropiado.

El verdadero trabajo de sanación lo realizan los guías espirituales con el aporte fluídico de los integrantes del grupo mediúmnico que aborda el proceso obsesivo. El espíritu obsesor recibe el impacto de los fluidos materializados de los asistentes, que lo inducen a recapacitar acerca de sus intenciones perturbadoras.

Cuando se consigue sensibilizar al espíritu obsesor se propician canales de comunicación para mostrarle con mucha compasión alternativas de mejora en la relación, donde todos los protagonistas del proceso pueden beneficiarse, trabajando afanosamente por su superación, creando condiciones fraternas en la relación.

Solo puede realizarse este acompañamiento terapéutico en instituciones serias, comprometidas con el servicio caritativo donde no existe otro propósito que asistir fraternalmente al paciente, sin fines de lucro.

La doctrina espírita presenta como un hecho natural la comunión de vivos y muertos, la acción recíproca de unos sobre otros, la permanencia de las relaciones entre los dos mundos. La solidaridad de todos los seres, idénticos en su origen y en sus fines, diferentes solamente por su situación pasajera: unos en estado de espíritus libres o errantes, otros revestidos de un envoltorio perecedero u organismo físico, que pasan alternativamente de un estado al otro. La muerte no es más que el comienzo de un período pasajero entre dos experiencias de vida.

¿Qué conoces de la vida espiritual?

¿Cómo es la relación con tu ángel guardián?

¿Qué sientes cuando tienes que opinar sobre una temática que desconoces?

¿Qué miedos te impiden estudiar y aprender sobre la muerte física y la vida espiritual?

Espiritualidad

La espiritualidad es mirar a tu vecino y comprender que su mal humor es causa de su dolor, y no sentirte ofendido.

Espiritualidad es que las cosas no salgan como tú deseas y aceptar que así es para tu aprendizaje.

Espiritualidad es hacerte responsable de tus circunstancias, no creerte una víctima, no culpar a nadie de lo que te sucede.

Espiritualidad es vivir en la alegría, en el silencio, en el bullicio, en la tormenta, en la luz o en la oscuridad, vivir lo que la vida te propone, sin pretender que sea otra cosa.

Espiritualidad es comprender que si enfermamos, no solo hay que enfocarse en los síntomas físicos, sino también ver qué emociones no estamos gestionando, e interpretar que el cuerpo está enviando un mensaje.

Espiritualidad es caminar disfrutando de cada paso del camino, independientemente de lo que te suceda. Es atender las emociones sin identificarte con ellas. Es cuidar tus pensamientos y tus palabras. Es ser coherente y mantener la autenticidad en todos los ambientes y en todas las circunstancias.

Espiritualidad es abrazarlo todo. Es amar el mundo tal como es, con todo lo que contiene. Sin juzgarlo, sin quejarte, sin creerte dueño de nada.

Espiritualidad es compartir y estar en paz. Es dejar que cada uno viva como le plazca. Es comprender que nada es real y que a la vez, hay que ser impecables a la hora de jugar el partido de esta vida.

No hablo de religión, de dogmas, de pecados o del bien y del mal; no hablo de iglesias, de maestros ni de normas. Hablo de lo que late en tu interior cuando consigues mirar hacia dentro, y te das cuenta de que no tendría sentido la vida, si solo fuéramos materia. Si solo fuéramos un puñado de carne, de vísceras, de arterias. Si solo fuéramos un deseo atrapado en un cuerpo, sin un alma que anhela sentir de nuevo el amor del que formamos parte.

La epidemia de soledad

La soledad se define como una vivencia subjetiva de falta de conexión con los demás, tanto en cuanto a la cantidad de relaciones sociales como en su calidad. Hay una carencia voluntaria o involuntaria de compañía que provoca aislamiento, abandono, incomunicación, desamparo o encierro.

La presencia física de personas importantes para nosotros no es una condición suficiente para no sentirse solo, necesitamos sentirnos conectados con ellas. Los signos y síntomas de la soledad crónica pueden variar según la persona y la situación. Pueden incluir:

- Incapacidad de conectarte con otros en un nivel más profundo e íntimo. Quizás tienes amigos y familiares, pero tu nivel de relación con ellos es superficial. Tu interacción no se siente conectada de una manera que te brinde satisfacción y esta desconexión parece no terminar nunca.
- No tienes amigos cercanos o "mejores" amigos. Tienes amigos, pero son eventuales o apenas conocidos y sientes que nadie "te entiende" realmente.
- Un enorme sentimiento de aislamiento estés donde estés y con quién estés. Estás en un evento con muchas personas, pero te sientes aislado, separado y desconectado. En el trabajo, puedes sentirte distanciado y solo. Lo mismo en el autobús, el tren o en un lugar

concurrido. Es como si estuvieras en tu propia burbuja inquebrantable.

- Sentimientos negativos de duda y de autoestima. Cuando intentas conectarte o comunicarte, no sos correspondido y no eres visto o escuchado.
- Agotamiento y fatiga cuando tratas de socializar. Estos sentimientos continuos de agotamiento pueden conducirte a otros problemas, como insomnio, debilidad del sistema inmunológico, trastornos de alimentación, entre otros.

Los sentimientos de soledad prolongados afectan la salud de diversas formas. Pueden aumentar los niveles de cortisol en el cuerpo. El cortisol es una hormona que crea el cuerpo cuando está bajo estrés. Con el tiempo, los altos niveles de cortisol pueden producir hipertensión arterial, aumento de peso, debilidad muscular y problemas de concentración.

Si no se controlan, estos síntomas de soledad pueden aumentar el riesgo de problemas físicos y emocionales más graves, como depresión, ansiedad, derrame cerebral, enfermedades cardíacas, etc.

La soledad no se limita a los sentimientos de aislamiento social y distanciamiento de los demás. Con frecuencia, está vinculada con creencias negativas sobre uno mismo. Conectarse con otras personas de forma positiva y saludable, puede resultar un gran desafío.

La soledad crónica puede ser un efecto secundario de algún otro problema, como el uso de sustancias adictivas, la pérdida de un ser querido, un proceso de divorcio o separación, una enfermedad de aislamiento o crónica, etc.

Recibir apoyo de otras personas que comparten sentimientos similares puede ayudar a aliviar los síntomas, en grupos de autoayuda. Actualmente en las estadísticas mundiales, uno de los mayores tormentos que afectan a las personas, alcanzando niveles de epidemia, es la soledad.

La psicología describe dos tipos de soledad:

Soledad objetiva: la real, cuando una persona no tiene a un otro en forma presente. Aquí se reconocen otros dos subestadios:

- *Una soledad objetiva impuesta:* surge cuando una persona se encuentra sola, por ejemplo tras la muerte de su único ser querido, o por haberse mudado de país sin ningún conocido ni referencia, o cuando debe empezar de cero prácticamente toda su vida. Aquí también aparece la soledad que surge cuando se está privado de la libertad, o con una internación con aislamiento. Aunque se sabe que es algo temporal, se la vive con pesar.

- *Soledad objetiva como elección*: es el caso de personas que buscan conscientemente el aislamiento, como una preferencia o tendencia de personalidad y encuentran disfrute en ello. Seguro conocerás personas que eligen vivir solas, y otras que, por sus tareas, pasan largos períodos aisladas, como un científico o una escritora. No se la vive con pesar.

Soledad subjetiva: nacida del sentimiento de desamparo y tristeza, pese a que la persona puede estar con otro u otros. Es la soledad que se siente, que desgarra y que afecta el estado emocional, incluso con manifestaciones físicas, ya que se debilita el sistema inmunológico y es más proclive a tener enfermedades. Sucede incluso estando acompañado, como es el caso de las parejas disfuncionales, o de compañías que se aborrecen y están llamadas a vivir juntas.

En la actualidad el aumento de las expectativas de vida debido a los avances tecnológicos y los procedimientos médicos, han provocado una numerosa población longeva. Las naciones buscan adaptar sus políticas públicas y recursos para atender esta demanda creciente y encontramos muchas personas ancianas que sufren de soledad ya que han perdido la conexión con el resto de su familia.

Trabajar como voluntario, inscribirse en algún club, unirse a grupos de gimnasia, de deporte o de arte, pueden ayudar a mejorar la autoestima y encontrar formas seguras y satisfactorias de conectarse con otros, especialmente en la tercera edad.

El conocimiento y la práctica de la espiritualidad amplían la conciencia respecto a nuestras compañías encarnadas y desencarnadas. Es la conexión con el otro y el disfrute de los afectos lo que nos nutre emocionalmente para generar antídotos a esta situación.

La solución para la soledad es global. Tratémonos con afecto, con cordialidad, sonriamos. Transformemos nuestros ambientes familiares y laborales en climas amigables, serviciales y estaremos trabajando para fortalecernos espiritualmente ante el desafío de sufrir de soledad.

¿Cuántas veces sufriste de soledad?

¿Qué puedes aprender de esta temática para empoderarte?

¿Te resulta fácil o difícil conectar con las personas de tu entorno?

Visión y misión

Toda persona recorre su vida o viaje terrenal como un héroe. Y en este viaje existe un doble compromiso. En primer lugar con uno mismo. En segundo lugar con la sociedad, o algo más amplio de lo que sintamos formar parte. Esta es la visión de la Psicología transpersonal. La Programación Neurolingüística (PNL) define dos conceptos, atendiendo a esta visión transpersonal. Se trata de las nociones de Misión y Visión. Estas se delimitan con dos indagaciones:

Visión: *¿En qué mundo te gustaría vivir?*
Misión: *¿Cuál sería tu compromiso o participación en la creación de este mundo?*

Robert Dilts, uno de los cocreadores de la PNL, hace una apreciación interesante. Señala que todos venimos a este mundo con una herida y un don. Nuestra misión es sanar la herida y compartir nuestro don.

La herida contiene registros personales, pero también transgeneracionales por lo que sanar nuestra herida tiene un fuerte contenido transpersonal, un efecto solidario con la humanidad. No sanamos solamente nuestra herida, sino también la de los que nos precedieron y, de este modo, impedimos su eventual "transmisión" en generaciones futuras.

Compartir el o los dones aprendidos o innatos es el compromiso para mejorar la sociedad. Así podríamos entender un proyecto vivido con sentido.

El sentido es único e individual, distinto para cada persona. Implica una profunda conexión entre uno mismo y lo vivido. Dicho de otro modo, cuando tú y tu cotidianeidad son lo mismo.

El concepto de misión nos remite a un modo concreto de encarnar y dejar nuestra huella en este mundo. Implica estar receptivos a lo que ocurre. No tenemos derecho a exigir a nadie. Enraizarnos en la sociedad y el tiempo que nos ha tocado vivir. Trabajar y proyectarnos con ellos hacia un futuro mejor. Lo anterior implica vivir con plena responsabilidad.

¿Cuál es tu visión?

¿Qué misión elijes para tu vida?

Inteligencia y salud espiritual

Son dos conceptos que comenzaron a desarrollarse a principios de este siglo y se entremezclan buscando definir en palabras algunos aspectos subjetivos de la persona que posee una inclinación a enfocarse más allá del mundo material.

La *salud espiritual* puede ser entendida como un estado sentimental, comportamental y cognitivo positivo para las relaciones con uno mismo, con los otros y con una dimensión transcendente, dando al individuo una sensación de identidad, actitudes positivas, armonía interior, y objetivos en la vida. Se trata de la conexión con uno mismo (dimensión personal), los demás (dimensión social), la naturaleza (el medio ambiente) y Dios (dimensión trascendental). Puede significar un consuelo y dar fuerzas para afrontar los desafíos de la vida.

La salud espiritual implica tener capacidad de reflexión sobre nuestras propias creencias. Conectada con búsqueda de sentido y propósito en nuestra vida, la salud espiritual se construye sobre nuestros valores y principios, la paz interior y la capacidad de enfrentar los desafíos y dificultades con templanza.

Para cuidarla o cultivarla, se pueden emplear diferentes técnicas como la meditación, la reflexión, la conexión con la naturaleza, técnicas de respiración o el yoga, entre otras.

Los beneficios de ser una persona con una buena salud espiritual son infinitos: desde poder enfrentar con esperanza y optimismo los desafíos de la vida hasta sentirnos sanos y en paz para evolucionar en todo sentido.

La *inteligencia espiritual* (IES) es la capacidad de entender el mundo y a nosotros mismos. Encontrar significado existencial, espiritual en la práctica cotidiana, facilitar la resolución de problemas y tomar decisiones útiles.

La IES es el uso adaptativo de la información espiritual para facilitar la solución de problemas cotidianos y la obtención de objetivos. Es la capacidad de trascendencia que involucra diferentes habilidades, como la provisión de contacto con el verdadero yo; la inversión en actividades, eventos y relaciones llenas de sentido desinteresado y recursos espirituales para solucionar desafíos en la vida; es decir, ser virtuoso y comportarse efectivamente como tal.

Implica niveles altos de conciencia de la interconexión trascendente entre todo lo creado puesto de manifiesto a través de la sabiduría, la compasión, la acción y la fidelidad a las propias convicciones.

Se señalan nueve competencias de la IES: consciencia, trascendencia, sentido, compasión, amor, aceptación del dolor, perdón, gratitud y libertad.

Una persona que posee IES se distingue por la capacidad de ser flexible, poseer un alto nivel de conciencia de sí mismo y capacidad de afrontar y trascender el dolor y el sufrimiento. Es capaz de identificar y comprender sus emociones, pensamientos y creencias, lo que le permite tomar decisiones más acordes con sus valores y propósito de vida. En momentos de crisis o desafíos, la IES proporciona herramientas para manejar la adversidad. Ayuda a las personas a encontrar significado en las dificultades y a ver los retos como oportunidades de crecimiento y aprendizaje. Esto no solo mejora la resiliencia, sino que también permite una recuperación más rápida y efectiva de los contratiempos.

Facilita una mayor empatía y comprensión hacia los demás. Al reconocer y valorar las perspectivas y creencias espirituales de otras personas, se pueden construir relaciones más profundas y significativas, basadas en el respeto mutuo y la comprensión.

La IES es una forma integral de inteligencia que abarca la comprensión y gestión de los aspectos más profundos de la existencia humana. Su desarrollo puede llevar a una vida más plena, resiliente y significativa.

En un mundo cada vez más complejo y desafiante, la IES puede ser una clave esencial para el equilibrio y la armonía en nuestras vidas.

¿Consideras que eres saludable espiritualmente? ¿Alguna vez te lo propusiste?

La fraternidad universal

La fraternidad es un valor que no se limita solo a un grupo de personas sino es algo universal y transversal a todos los seres humanos, de considerarnos todos hermanos. De esta manera el valor de la fraternidad nos lleva a ser solidarios, respetuosos y empáticos unos con los otros en el mundo.

La fraternidad permite a las personas que son iguales en su esencia, dignidad, libertad y en sus derechos fundamentales, participar de formas diferentes en el bien común de acuerdo con su capacidad, su plan de vida, su vocación, su trabajo o su voluntad de servicio.

Origina la conciencia comunitaria y la acción social, a través de diversas actividades educativas, económicas, y culturales.

Es el sentimiento de respeto, consideración y afecto mutuo que se da típicamente entre hermanos, pero que puede darse también entre personas sin vínculo filial que se estiman como si fueran hermanos.

Promueve la tolerancia, la tradición pluralista, el respeto mutuo y la diversidad de religiones y creencias. Es el lazo de unión, basado en el respeto a la dignidad de las personas, en la igualdad de derechos de todos los seres humanos y en la solidaridad de unos con los otros.

La fraternidad requiere esfuerzo y comunicación; necesita del amor y del ejercicio de la caridad, porque la convivencia armoniosa entre los hombres no es posible sin estos condimentos. Exige ser benevolente, superar el ego y pensar en los demás independientemente de su condición y circunstancia.

Puede considerarse también como una experiencia de amor por las demás personas. Implica amar a los demás por encima de las diferencias.

En una sociedad que vive la fraternidad, las personas aprenden a convivir de manera pacífica, a resolver sus conflictos civilizadamente y a superar sus inconvenientes por la vía del diálogo.

Cultivando la espiritualidad estoy fortaleciendo la creencia que "mi prójimo es mi hermano ante Dios" y de alguna manera contribuyo a la fraternidad universal.

Si bien nuestro proceso evolutivo es individual, también acarrea un progreso de orden social, que está en relación con el nivel moral alcanzado por los integrantes de las distintas comunidades.

"El nuevo orden social será la fraternidad entre los seres humanos"

Es primordial trabajar conscientemente para crear una propuesta educativa de orden superior, apoyada en valores espirituales, donde la caridad sea el eje principal. Esta educación permitirá desarrollar los antídotos necesarios, vencer el egoísmo y elegir una actitud de servicio al prójimo, haciendo a los demás lo que quisiéramos que se nos haga a nosotros.

Feliz aquel que elevándose por encima de su humanidad está dispuesto a provocar un cambio de paradigma en favor de ese nuevo orden social.

La caridad según el mensaje cristiano, incluye además de la caridad material o beneficencia, la Benevolencia, pensar bien siempre, la Indulgencia para con los errores ajenos y el Perdón de las ofensas.

Para conquistar esa condición caritativa de servicio al prójimo, hay que trabajar interiormente aceptando nuestras luces y sombras, buscando el equilibrio que nos impulse a relacionarnos amorosamente con nuestros semejantes, reconociendo la vida espiritual como la primitiva. "En la oscuridad de la noche divisé a lo lejos un bulto. Mientras caminaba y me acercaba pude darme cuenta que era una persona. Por la luz del sol que se asomaba, descubrí que eras mi hermano". Esta metáfora tiene que ver con el propósito de buscar la unidad en la diversidad. Si somos naturalmente diferentes la unidad se concibe a partir de la construcción interior de un Dios omnipresente, soberanamente justo y bueno.

Acuerdo con la escritora española Amalia Domingo Soler, que declaró:

"Ayer los hombres se mataban, hoy se toleran, mañana se amarán".

Mensaje final

El nivel evolutivo del espíritu en la Tierra es bajo o mediocre ya que es un mundo de expiación y pruebas. Está cercano al comienzo de la evolución del espíritu representado por los mundos primitivos. En nuestro planeta predominan todavía las tendencias de maldad y egoísmo. Hemos creado condiciones de gran confort material, respetando la belleza y la armonía de las formas aunque aún carecemos de ambientes sociales donde prevalezca la serenidad y la paz espiritual.

El ser humano se nutre de afecto y sin embargo la educación emocional ha sido desplazada de las curriculas tradicionales por ignorancia de su impacto en las relaciones interpersonales.

No disponemos de capacidad para relacionarnos fraternalmente y caemos fácilmente en las redes del egoísmo y el orgullo que todavía se adueñan de nuestras comunidades.

El desafío de crear programas de educación superadores que respeten la dignidad de cada persona e instalen una cultura espiritual, es permanente. Una nueva idea no es suficiente para gestionar la transformación, aunque es una hermosa oportunidad para autodesafiarse. Ante el desconocimiento de la vida espiritual frecuentamos ambientes impregnados por el materialismo, sin saber bien cuáles son los caminos para generar la paz interior.

Sin encontrar las respuestas a: quiénes somos, de dónde venimos, y hacia dónde nos dirigimos, nos conducimos en la vida sin un rumbo definido y nosotros mismos creamos esa sensación de vacío existencial que en muchos momentos nos atormenta y genera incertidumbre.

Cuando seamos capaces de definir un objetivo trascendente, relacionado con nuestro propósito de vida, encontraremos los caminos conductuales para sentirnos útiles, solidarios, agradecidos y poderosos frente a los desafíos cotidianos.

El poder creativo del espíritu no tiene límites. Somos nosotros los que consciente o inconscientemente los determinamos con nuestras creencias limitantes. Reflexionar sobre estas últimas nos garantiza redefinir prioridades y enfocarse en ellas.

Nadie progresa por el esfuerzo de otros. El mérito está apoyado en el ejercicio del libre albedrío, con la consciencia abierta al conocimiento de la ley natural. El mecanismo acierto-error es la forma más frecuente del aprendizaje.

La ley divina o natural está inscripta en la conciencia del hombre que para diferenciar el bien del mal deberá preguntarse: ¿lo que voy a hacer a los demás es lo que haría conmigo? Todos los esfuerzos que realice para ampliar esa conciencia moral ayudarán al cumplimiento de la ley.

Aquel que reconoce ser mejor persona que ayer y planifica su futuro para seguir avanzando, está en la senda del progreso. El mismo incluye el desarrollo intelectual que precede al perfeccionamiento moral.

Aprovechar este momento de vida terrenal significa reconocer y valorar las oportunidades de aprendizaje que la vida nos ofrece y aceptar que somos seres en evolución.

La capacidad de amar incondicionalmente es un parámetro inequívoco para reconocernos y sentirnos incluidos en el proceso evolutivo.

Perdonarse, perdonar y pedir perdón son mecanismos de liberación en el que el principal beneficiado es el protagonista.

Todas las actividades de orden espiritual funcionan como compensación del sometimiento a los condicionamientos materiales. Es nuestra elección trabajar espiritualmente para desarrollar el desapego.

Este ensayo procura ampliar nuestra consciencia hacia la espiritualidad. Desde la libertad de pensar podemos adherir o no estar de acuerdo. Más allá de nuestras diferencias nos conviene sentirnos iguales ante Dios como integrantes de la gran familia universal.

Datos del autor

DR. JOSÉ LUIS SÁEZ

• Médico. Universidad Nacional de Córdoba. 1975
• Doctor en Medicina, especialista en Clínica Médica, Diagnóstico por Imágenes, Ozonoterapia.
• Coach Ontológico y de Culturas Organizacionales. Newfield Network. Chile. 1997
• Socio Fundador de Sáez & Asociados Consultora. Desarrollo y formación en talento humano. 2011
• Máster de Programación Neurolingüística de la IANLP de Suiza. 2016
• Coach Neurolingüístico certificado por la International Asso-ciation of Coaching Institutes de Alemania (ICI). 2017
• Administrador de la Evaluación del Ser, herramienta de Neurociencias y estilos de pensamientos. Jamming. Perú. 2017
• Docente de la Universidad Nacional de La Rioja en seminarios de Coaching y Salud.
• Coautor del libro: "La Comunicación Eficaz. Una herramienta saludable". 2016
• Autor de los libros: "Coaching y Espiritualidad". 2019; "Hacia una terapia del alma. 2022

E-mail: *saezpepeluis2017@gmail.com*

Bibliografía

• Coaching y espiritualidad. Sáez J. L. Editores Argentinos (2019)
• Confianza total. Verónica y Florencia Andrés. Ed. Planeta (2010)
• Curar el cuerpo, eliminar el dolor. Sarno J. Editora Sirio (2010)
• Educación emocional y bienestar. Bisquerra. Editora El Ateneo (2000)
• El hombre en busca de sentido. Frankl Víctor. Editora Herder (1979)
• El camino del despertar. Mario Alonso Puig. Ed. Espasa (2023)
• El cielo y el infierno. Allan Kardec. Ed. CEA (2021)
• El libro de los Espíritus. Allan Kardec. Editora 18 de Abril (2000)
• El libro de los Medium. Allan Kardec. Editora 18 de Abril (1977)
• El poder del ahora. Eckhart Tolle. Editora Grijalbo (1997)
• El problema del ser y del destino. León Denis. Editora Kier (1995)
• Emoción y conflicto. Redorta/Obiols/Bisquerra. Editora Paidós (2018)
• Hacia una terapia del alma. Sáez J.L. Editores Argentinos (2022) • Inteligencia emocional. Goleman D. Editora Vergara (1996)
• Los siete hábitos de la gente altamente efectiva. Covey S. Edito-ra Paidós (1995)

- Ontología del lenguaje. Echeverría, R. Editora Dolmen (2001)
- Wikipedia